Volume 1

BIBLIOTECA DO GESTOR

Da Gestão Tradicional à Gestão Contemporânea

TÍTULO ORIGINAL
Da Gestão Tradicional à Gestão Contemporânea - Volume I

© Manuel Alberto Ramos Maçães e Conjuntura Actual Editora, 2017

Todos os direitos reservados

AUTOR
Manuel Alberto Ramos Maçães

CONJUNTURA ACTUAL EDITORA
Sede: Rua Fernandes Tomás, 76-80, 3000-167 Coimbra
Delegação: Avenida Engenheiro Arantes e Oliveira, n.º 11 – 3.º C
1900-221 Lisboa – Portugal
www.actualeditora.pt

DESIGN DE CAPA
FBA.

PAGINAÇÃO
Edições Almedina

IMPRESSÃO E ACABAMENTO
PAPELMUNDE, SMG

Abril, 2017

DEPÓSITO LEGAL
424255/17

Toda a reprodução desta obra, por fotocópia ou outro qualquer processo, sem prévia autorização escrita do Editor, é ilícita e passível de procedimento judicial contra o infrator.

 GRUPOALMEDINA

BIBLIOTECA NACIONAL DE PORTUGAL – CATALOGAÇÃO NA PUBLICAÇÃO

MAÇÃES, Manuel Alberto Ramos, 1946-

Da gestão tradicional à gestão contemporânea. – (Biblioteca do gestor ; 1)
ISBN 978-989-694-218-2

CDU 658

Volume 1

BIBLIOTECA DO GESTOR

Da Gestão Tradicional à Gestão Contemporânea

Índice

Lista de Figuras 7

Prefácio 9

Introdução 13

Capítulo 1 – Fundamentos da Gestão Moderna 17

    As Organizações e a Gestão. 20
    O Que é a Gestão?. 21
    Níveis de Gestão 22
    O Processo de Gestão. 26
    Áreas Funcionais da Empresa 28
    Aptidões e Capacidades dos Gestores 30
    Análise de Stakeholders 32
    Novas Tendências da Gestão. 35
    Construir vantagem competitiva sustentável 37
    Gerir a diversidade cultural 39
    Empreendedorismo. 39

Utilizar novos sistemas e tecnologias de informação 40
Ética e Responsabilidade Social na Gestão........... 42
Resumo do Capítulo..................... 46
Questões........................... 47
Referências 48

Capítulo 2 – Desenvolvimentos da Teoria da Gestão ... 49

Teorias Clássicas da Gestão 52
Frederick Taylor e a Teoria da Administração Científica
do Trabalho 52
Henri Fayol e a Teoria da Gestão Administrativa 54
Elton Mayo e a Teoria das Relações Humanas 56
Max Weber e a Teoria Burocrática............. 58
Abordagens Contemporâneas................ 59
Abordagem Quantitativa 59
Abordagem Comportamental................ 59
Abordagem Sistémica................... 60
Abordagem Contingencial 61
Novas Abordagens à Teoria da Gestão 62
Aprendizagem Organizacional 62
Gestão por Objetivos................... 65
Gestão da Qualidade Total 67
A Organização como uma Cadeia de Valor.......... 70
Gestão do Conhecimento.................. 74
Resumo do Capítulo.................... 76
Questões........................... 77
Referências 78

Lista de Figuras

Figura 1.1 Níveis de Gestão 23

Figura 1.2 Níveis Hierárquicos de Gestão 25

Figura 1.3 O Processo de Gestão 27

Figura 1.4 Estrutura Funcional 28

Figura 1.5 Capacidades dos Gestores 30

Figura 1.6 Principais Stakeholders de uma Organização 33

Figura 1.7 Fontes de Vantagem Competitiva 37

Figura 1.8 Tipos de E-Commerce 41

Figura 2.1 A Empresa como Um Sistema 61

Figura 2.2 Modelo de Gestão por Objetivos 66

Figura 2.3 Cadeia de Valor Típica de um Produto Industrial . . . 71

Figura 2.4 Gestão da Cadeia de Valor 73

Figura 2.5 Gestão do Conhecimento 74

Prefácio

A gestão é uma área do conhecimento das ciências sociais muito recente, na medida em que só a partir dos anos 80 ganhou a maioridade e o estatuto de autonomia relativamente à economia. Para compreendermos este fenómeno basta atentarmos no facto de que, até essa altura, apenas havia cursos de economia, contabilidade e finanças nas nossas universidades e institutos politécnicos, que continham nos seus planos de curso algumas disciplinas de áreas afins à gestão, mas não havia cursos específicos de gestão.

Nos finais do século XX e início do século XXI assistiu-se a um crescimento exponencial da gestão, seja pelo aumento das necessidades das empresas, motivado pela complexidade dos problemas que começaram a ter que enfrentar, em virtude designadamente do fenómeno da globalização e do aumento da concorrência internacional, seja pela forte atração dos candidatos pelos inúmeros programas de licenciatura e pós-graduação em gestão que proliferam pelas universidades e institutos politécnicos. Os números falam por si e os cursos de gestão são dos que motivam maior interesse dos jovens candidatos ao ensino superior e que continuam a oferecer maiores oportunidades de empregabilidade.

Presume-se, por vezes, que os bons gestores têm qualidades inatas e que apenas precisam de pôr em prática essas qualidades para serem bons gestores, relegando-se para segundo plano o estudo das teorias e técnicas de gestão. Nada de mais errado e perigoso. A gestão estuda-se e os bons gestores fazem-se aplicando na prática a teoria. Os princípios de gestão são universais, o que significa que se aplicam a todas as organizações, sejam grandes ou pequenas, públicas ou privadas, com fins lucrativos ou sem fins lucrativos. A boa gestão é necessária em todas as organizações e em todas as áreas de negócio ou níveis organizacionais.

Esta postura de se pensar que, para se ser bom gestor, basta ter bom senso e caraterísticas inatas de liderança é errada, tem um preço elevado e é responsável pelo fracasso e falência de inúmeras empresas e organizações. Ao contrário da opinião generalizada, que advoga a inutilidade dos conhecimentos teóricos, há estudos que comprovam a relação benéfica da teoria com a prática e que há inúmeros casos, em Portugal e no estrangeiro, de empresas bem geridas por executivos com forte formação teórica e académica.

Esta **miopia de gestão**, mesmo entre os gestores, justifica, por si só, a apresentação desta biblioteca do gestor.

O objetivo desta coleção, de que este é o primeiro volume, é facultar a estudantes, empregados, patrões, gestores de todos os níveis e investidores, de uma forma acessível, as principais ideias e desenvolvimentos da teoria e prática da gestão. As mudanças rápidas que se verificam no ambiente dos negócios, a nível interno e internacional, pressionam as organizações e os gestores no sentido de procurarem novas formas de resposta aos novos desafios, com vista a melhorar o desempenho das suas organizações. Este livro, bem como os restantes desta coleção, visa também estimular o gosto dos estudantes e gestores pelos assuntos da gestão, ao apresentar no final de cada capítulo questões específicas para discussão de cada tópico.

Ao elaborar esta coleção, tivemos a preocupação de ir ao encontro das necessidades que hoje se colocam aos gestores e de tornar o texto relevante e facilmente percetível por estudantes e gestores menos versados em temas de gestão. Além de sistematizar os desenvolvimentos da teoria da gestão, desde a sua origem até aos nossos dias e de estudar as funções do gestor, nesta coleção são apresentados e discutidos os principais métodos, técnicas e instrumentos de gestão nas áreas da produção, do marketing, da gestão financeira e da gestão dos recursos humanos, para além da preocupação de fazer a ligação da teoria com a prática. Daí a razão da escolha do título para a coleção…

Introdução

O sucesso de qualquer organização depende não apenas da dedicação de todos os seus colaboradores ou do acerto nos produtos e nos mercados, mas também do bom desenho da sua estratégica e dos processos operacionais e administrativos, de uma boa gestão dos recursos financeiros e da qualidade dos recursos humanos.

Contudo, a economia dinâmica, altamente competitiva e global dos nossos dias, coloca aos gestores novos desafios e a exigência de novas competências. Os gestores, para além da gestão interna das suas organizações, têm também que gerir uma série complexa de relações externas com clientes, fornecedores, concorrentes, instituições financeiras e organismos públicos, bem como lidar com as oportunidades e ameaças que são apresentadas pelo mercado e pelo meio envolvente, como as mudanças rápidas da tecnologia, as alterações dos gostos e necessidades dos consumidores, a instabilidade económica e questões de defesa do meio ambiente e de ética e responsabilidade social das organizações.

A busca da melhor forma de dirigir uma empresa tem estado, desde há muito, no centro das preocupações dos académicos e dos gestores. Para uma boa gestão, é necessário tomar decisões acertadas e para tomar boas decisões é necessário conhecer bem o que é e o que deve ser uma empresa, obter a informação necessária para tomar decisões e saber interpretar essa informação. Para além da gestão técnica dos recursos e do conhecimento e o aproveitamento das oportunidades do mercado, há também que cuidar da parte humana das organizações, que é a que dificulta em maior grau uma boa gestão.

Nesta coleção, vamos estudar os diferentes processos administrativos que se desenvolvem numa empresa, descrevendo as principais funções dos gestores, o fluxo de informação de entrada e saída nos processos de fabrico e os indicadores de gestão.

Tem-se escrito muito sobre o que é gerir e podemos encontrar diferentes definições de gestão. Para efeitos deste trabalho, consideram-se as duas seguintes definições de gestão:

"Gerir é tomar decisões"
"Gerir é obter resultados através das pessoas, conseguindo que os trabalhadores se encontrem motivados e satisfeitos"

Uma boa gestão passa pela realização, de forma eficaz e eficiente, das seguintes funções:

Planeamento – determinação dos objetivos a atingir, definição das estratégias e ações a desenvolver que permitam alcançar esses objetivos e planificação dos recursos necessários.

Organização – distribuição das tarefas e dos recursos entre os membros da organização de modo a que os objetivos definidos sejam alcançados.

Direção – está relacionada com os processos de gestão das pessoas na organização. Dirigir significa liderar e motivar os trabalhadores, selecionar o canal de comunicação mais adequado e resolver os conflitos dentro da organização.

Controlo – é a função da gestão que assegura que os objetivos são executados conforme planeado. Consiste na monitorização e avaliação do desempenho da organização, na comparação com os objetivos planeados e na tomada de medidas corretivas, no caso de se verificarem desvios significativos.

Nesta coleção, são apresentados os fundamentos da gestão moderna, que consistem em saber o que é e o que dever ser uma empresa, quais as funções dos gestores e que capacidades devem ter para desempenhar de forma eficaz e eficiente as suas funções. Para uma boa gestão, é necessário que os gestores, a todos os níveis, desde o CEO, diretor geral, diretores e gerentes aos chefes de serviço e chefes de secção, saibam a missão da empresa (o que se pretende da organização) para tomarem as decisões adequadas aos objetivos da organização.

Capítulo 1
Fundamentos da Gestão Moderna

As atividades económicas constituem o motor da economia de um país, sendo as empresas as entidades responsáveis pela transformação dos fatores de produção em bens e serviços. Para alcançar os seus objetivos, as organizações devem ser capazes de utilizar, de forma eficaz e eficiente, os recursos que lhes estão alocados. Para isso precisam de gestão.

Neste livro, procuramos explicar o que é a gestão, o que é um gestor, quais as funções dos gestores e quais as capacidades e aptidões dos gestores para desempenharem adequadamente as suas funções. Vamos também entender o que é uma organização e porque é necessário estudar gestão. São também analisadas as tendências atuais da gestão e destacada a importância da ética e da responsabilidade social no mundo dos negócios.

Depois de ler e refletir sobre este capítulo, o leitor deve ser capaz de:

- Perceber a importância e o papel da gestão.
- Compreender os conceitos de gestão e de gestor.
- Explicar a diferença entre os conceitos de eficácia e eficiência e a sua importância para o desempenho organizacional.

- Diferenciar os diferentes níveis de gestão e perceber as tarefas e responsabilidades de cada um deles.
- Identificar e descrever as capacidades ou aptidões do gestor e a sua relevância para a gestão.
- Distinguir entre planeamento, organização, direção e controlo.
- Discutir o papel dos *stakeholders*.
- Definir responsabilidade social em termos que reflitam o papel das empresas na sociedade.
- Identificar as várias ações que os gestores devem tomar para assegurar que as suas organizações têm comportamentos éticos.
- Discutir as novas tendências da gestão.

As Organizações e a Gestão

As organizações são grupos estruturados de pessoas que se juntam para atingirem objetivos comuns. Podem ser organizações formais, como o caso de uma empresa, ou informais, como um grupo de pessoas que se juntam para realizar um objetivo específico.

As organizações, independentemente da sua forma e atividade, partilham algumas caraterísticas comuns. Em primeiro lugar, todas as organizações têm objetivos distintos. Os objetivos são variados, desde produzir bens ou serviços, proporcionar lucro aos proprietários, proporcionar rendimento aos seus colaboradores, até atender às necessidades culturais, sociais ou espirituais da sociedade. Em segundo lugar, todas as sociedades são constituídas por pessoas. Sem elas, as organizações não têm quem tome decisões nem quem execute as tarefas tendentes à realização dos objetivos. As organizações têm uma estrutura deliberada que define e delimita os comportamentos e responsabilidades dos seus membros.

Num mundo cada vez mais global e competitivo, o sucesso das organizações depende da qualidade da sua gestão. São os gestores quem estabelece os objetivos, formula a estratégia e guia a empresa no sentido de atingir os objetivos definidos. São também eles quem prepara a organização para a mudança, procurando adaptá-la a um meio envolvente cada vez mais dinâmico e competitivo. O sucesso ou insucesso das organizações depende da qualidade da sua gestão.

O Que é a Gestão?

Com o aparecimento das organizações, surge a necessidade de gestão. A gestão é o processo de coordenar as atividades dos membros de uma organização, através do planeamento, organização, direção e controlo dos recursos organizacionais, de forma a atingir, de forma eficaz e eficiente, os objetivos estabelecidos. Da definição de gestão resultam duas ideias fundamentais:

1. As funções de planeamento, organização, direção e controlo.
2. Atingir os objetivos organizacionais de forma eficaz e eficiente.

A eficiência é a capacidade de conseguir o máximo de resultados (*outputs*) com o mínimo de recursos (*inputs*). É uma medida da relação entre os resultados alcançados e os recursos consumidos. Quanto maior for a produtividade de uma organização, mais eficiente ela será. A eficiência focaliza-se nos meios. Uma elevada eficiência significa um baixo desperdício de meios e recursos.

A eficácia é a capacidade de executar as atividades da organização de modo a alcançar os objetivos pretendidos. Focaliza-se nos fins. O desafio da gestão é que seja eficaz e eficiente.

Apesar das diferenças entre os conceitos de eficácia e eficiência, eles estão correlacionados. Sem eficácia, a eficiência é inútil, pois a organização não consegue atingir os objetivos a que se propõe. Por outro lado, é fácil ser eficaz quando não se é eficiente, visto que desperdiça recursos. Neste caso, a organização atinge os objetivos, mas fá-lo com custos muito elevados, podendo mesmo dar-se o caso de ser preferível não atingir os objetivos a acumular prejuízos. A boa gestão é aquela que é eficaz e eficiente na utilização dos recursos que são colocados à sua disposição.

Níveis de Gestão

Gerir é obter resultados através das pessoas. Os gestores são os membros da organização que coordenam as atividades dos outros membros da organização e têm como função conduzir os negócios de forma a atingir os objetivos. São eles quem decide onde e como aplicar os recursos da organização, de modo a assegurar que os objetivos sejam atingidos.

Apesar de todos os gestores planearem, organizarem, liderarem e controlarem, nem todos têm o mesmo grau de responsabilidade para estas atividades. Assim, é útil classificar os gestores de acordo com os níveis e áreas de responsabilidade. As organizações normalmente têm três níveis de gestão: **gestão de topo** (*top management*), **gestão intermédia** (*middle management*) e **gestão de primeira linha** (*first-line management*) (Figura 1.1). A generalidade das organizações, como seria de esperar, tem mais gestores intermédios do que gestores de topo e mais gestores de primeira linha do que gestores intermédios.

Figura 1.1 Níveis de Gestão

Os gestores de topo são responsáveis pelo desempenho de toda a organização. Estabelecem os objetivos organizacionais, como que produtos e serviços produzir, como devem interagir os diferentes departamentos e monitorizam como os gestores intermédios de cada departamento usam os recursos para atingir os objetivos. Em última instância, os gestores de topo têm a responsabilidade máxima da organização e são responsáveis pelo desempenho e pelo sucesso ou insucesso da organização. São gestores de topo o presidente (*Chairman*), os vice-presidentes e os membros do conselho de administração (*Board of Directors*), o CEO (*Chief Executive Officer*) e o diretor geral.

Abaixo dos gestores de topo situam-se os gestores intermédios, que assumem também posições de considerável autonomia e importância dentro da organização. Os gestores intermédios supervisionam os gestores de primeira linha e são responsáveis pela implementação da estratégia e por encontrar a melhor forma de organizar os recursos humanos e outros recursos, para atingir os objetivos organizacionais estabelecidos pela gestão de topo. Por exemplo, se a gestão de topo decidir introduzir um novo produto ou reduzir os custos em x%, os gestores intermédios são os primeiros responsáveis sobre o modo como atingir esses objetivos. São gestores intermédios os responsáveis das áreas funcionais da empresa, como o diretor de produção, o diretor financeiro, o diretor de marketing e o diretor de recursos humanos, entre outros.

Na base da hierarquia, situam-se os gestores de primeira linha, que são responsáveis pela supervisão do trabalho dos não gestores que reportam diretamente a eles. São exemplos de gestores de primeira linha, os supervisores de equipas de produção, supervisores do controlo de qualidade, os chefes de vendas, os chefes da contabilidade e da tesouraria, os gestores de produto e os gestores de projeto.

Os gestores podem ser classificados pelo nível hierárquico que ocupam na organização e pelo âmbito das funções ou atividades pelas quais são responsáveis. Tendo presente a posição que ocupam na estrutura organizacional, é possível distinguir três níveis hierárquicos de gestão: **nível estratégico, nível tático e nível operacional** (Figura 1.2):

Figura 1.2 Níveis Hierárquicos de Gestão

O **nível estratégico**, o mais elevado da hierarquia organizacional, é composto pelos gestores de topo (*top managers*), que são responsáveis pelas decisões que envolvem toda a organização e pelo estabelecimento dos planos e objetivos de longo prazo. Têm a responsabilidade máxima da empresa. São igualmente responsáveis pela interação entre a organização e o meio envolvente.

O **nível tático** é constituído pelos gestores intermédios (*middle managers*), que são os gestores situados entre os gestores de primeira linha e os gestores de topo e coordenam a atividade dos gestores de primeira linha (*first-line managers*).

O **nível operacional** é o mais baixo da hierarquia da organização e é constituído pelos gestores de primeira linha. São pessoas que gerem o trabalho dos não gestores e que estão diretamente envolvidos com a produção (por ex: supervisores, coordenadores de projeto, os gestores de comunicação, gestor de vendas e gestor de produtos, etc.). Estes gestores atuam ao nível operacional e tomam decisões de curto prazo, orientadas para a execução de atividades operacionais.

Existem gestores em todos os níveis da organização. É a coordenação entre todos os gestores que garante o sucesso da organização.

O Processo de Gestão

Apesar de se situarem em diferentes níveis hierárquicos da organização, todos os responsáveis que exercem funções em cada um dos níveis indicados no ponto anterior são gestores, porque exercem as seguintes funções de gestão:

> **Planeamento** – consiste na definição de objetivos, na formulação de estratégias para alcançar os objetivos e no desenvolvimento de planos para integrar e coordenar as atividades. O planeamento pode ser de longo prazo, como o planeamento estratégico ao nível da empresa, ou de curto prazo, como a elaboração de orçamentos nas diversas áreas da empresa. O planeamento de longo prazo implica um horizonte temporal da ordem dos cinco anos, mas pode atingir dez ou mesmo vinte anos em determinadas indústrias, como a extração de petróleo, obras públicas ou indústrias farmacêuticas. O planeamento de curto prazo pode ir do imediato até um ano.
>
> **Organização** – é a função de gestão que determina as tarefas que devem ser efetuadas, quem as deve executar, como se agrupam, quem reporta a quem e onde as decisões são tomadas. Envolve a organização detalhada e a coordenação de tarefas e dos recursos humanos e materiais necessários para levar a cabo essas tarefas.

Direção – esta função está relacionada com a gestão das pessoas na organização. Consiste em liderar e motivar todas as partes envolvidas e tratar os problemas de comportamento dos colaboradores.

Controlo – é a função de gestão que consiste em monitorizar as atividades e assegurar que estão a ser executadas conforme planeado, bem como encontrar e explicar as diferenças entre o planeado e o realizado (análise dos desvios) e desencadear as ações corretivas necessárias para manter ou melhorar o desempenho.

Para o sucesso de uma organização, todas as funções de gestão devem ser executadas de forma integrada e não sequencial (Figura 1.3):

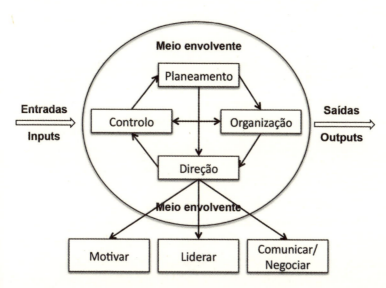

Figura 1.3 O Processo de Gestão

Áreas Funcionais da Empresa

Em todas as empresas, os gestores dos diversos níveis, como os gestores de topo, os gestores intermédios e os gestores de primeira linha, trabalham em diferentes funções da empresa ou áreas funcionais, como a produção ou operações, os recursos humanos, o marketing, a direção financeira ou outras áreas, tudo dependendo da organização e da estrutura da empresa. Naturalmente que para trabalhar em cada uma destas áreas é necessária uma formação específica diferente e capacidades de gestão próprias.

A generalidade das pequenas e médias empresas, tipicamente usa a estrutura funcional, sendo as principais funções as seguintes (Figura 1.4):

Figura 1.4 Estrutura Funcional

Os **gestores de produção** ou de operações, para além de outras funções, são responsáveis pela produção, gestão de inventários e controlo de qualidade. As grandes empresas industriais têm necessidade de muitos gestores de operações a diversos níveis. Essas empresas normalmente têm um administrador com o pelouro da produção ou operações (gestor de topo), um director de produção (gestor intermédio) e supervisores (gestores de primeira linha).

Os **gestores de recursos humanos** têm como função gerir as pessoas que compõem a organização, com vista a atingir os objetivos pretendidos. A sua função é planear as necessidades de recursos humanos, recrutar e treinar os colaboradores, avaliar o desempenho e definir os sistemas de gestão de carreiras e de incentivos e compensações. Nas grandes empresas há departamentos específicos que tratam do recrutamento, salários e relações laborais. Nas pequenas empresas, geralmente há apenas um pequeno departamento, ou mesmo uma só pessoa, responsável por todas as atividades de recursos humanos.

Os **gestores de marketing** são responsáveis por fazer carrear os produtos dos produtores até aos consumidores. Têm uma importância crescente dentro das empresas, na medida em que hoje são responsáveis pelas políticas de produção (que produtos produzir e serviços prestar?), políticas de fixação dos preços (que preços praticar?), políticas de distribuição dos produtos (que canais utilizar?) e políticas de promoção/comunicação dos produtos ou serviços junto dos clientes (que formas de comunicação e promoção adotar?).

Os **gestores financeiros** são responsáveis pela contabilidade e planeamento e controlo dos recursos financeiros. Os gestores financeiros podem incluir o diretor financeiro (CFO - *Chief Financial Officer*), o controlador de gestão (gestor intermédio) e os chefes da contabilidade e da tesouraria (gestores de primeira linha).

Em função da sua dimensão e complexidade e das suas necessidades, muitas empresas têm ainda outros gestores em áreas especializadas, como gestores de informática e sistemas de informação, gestores da marca e relações públicas, gestores de investigação e desenvolvimento (I&D).

Aptidões e Capacidades dos Gestores

Para desempenharem os diferentes papéis pelos quais são responsáveis, os gestores, para além da qualidade que se exige a qualquer decisor, que é o bom senso, devem possuir as seguintes capacidades ou aptidões: **capacidades concetuais, capacidades humanas e capacidades técnicas** (Figura 1.5):

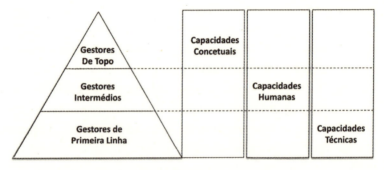

Figura 1.5 Capacidades dos Gestores

As **capacidades concetuais** estão relacionadas com a capacidade dos gestores para resolver situações complexas e coordenar as atividades da organização. Têm mais importância para os gestores de topo. São estas capacidades que permitem aos gestores ver a organização como um todo, compreender as relações entre as diversas unidades da organização, visualizar a forma como a organização se adequa ao meio envolvente e tomar decisões mais acertadas e inovadoras.

As **capacidades humanas** dizem respeito à capacidade dos gestores para trabalhar e comunicar com outras pessoas ou grupos, entendendo-as, motivando-as e liderando-as. Atendendo a que o trabalho de um gestor consiste na realização de objetivos através das pessoas, as capacidades humanas são cruciais para o seu bom desempenho. As capacidades humanas são fundamentais em todos os níveis de gestão, na medida em que todos gerem pessoas. A nível da gestão de topo, as capacidades humanas são também fundamentais para estabelecer relações com os grupos de interesse externos à organização e para conseguir agregar e motivar os membros internos em torno da estratégia da organização.

As **capacidades técnicas** estão relacionadas com a capacidade do gestor para usar ferramentas, procedimentos, técnicas e conhecimentos especializados (*know how*) relativos à área de sua especialização e responsabilidade. As capacidades técnicas devem existir a todos os níveis hierárquicos, embora tenham mais importância para os gestores de primeira linha. Para os gestores de topo, as capacidades técnicas devem situar-se ao nível do conhecimento da indústria, do mercado e dos processos e produtos da organização. Para um gestor intermédio, as capacidades técnicas dizem respeito ao conhecimento especializado da área funcional de que é responsável, por exemplo, um diretor financeiro deve ter conhecimentos de contabilidade, finanças e gestão financeira.

As três capacidades são relevantes para o desempenho de qualquer gestor, mas a sua importância depende do nível organizacional do gestor na organização. Para os gestores de topo, que têm responsabilidades ao nível estratégico, as capacidades conceptuais são mais preponderantes, uma vez que o seu desempenho depende da sua capacidade para formular estratégias e tomar decisões que afetam toda a organização.

Por sua vez, as capacidades técnicas são mais importantes aos níveis hierárquicos mais baixos, pois os gestores estão envolvidos em processos e atividades específicas. As capacidades humanas são importantes em todos os níveis hierárquicos, já que todos os gestores trabalham com pessoas e coordenam as suas atividades. A Figura 1.5. ilustra o grau de importância de cada uma das capacidades dos gestores de acordo com o nível organizacional.

Análise de *Stakeholders*

Stakeholders são grupos, indivíduos ou organizações que influenciam e são diretamente influenciados pelas práticas de uma organização e que, de alguma forma, comparticipam e se apropriam de uma parcela do valor criado pela organização, na forma de ordenados, dividendos, impostos, juros, prémios e comparticipações.

Os *stakeholders* podem ser internos ou externos. Os grupos externos que influenciam ou são influenciados diretamente pela ação da organização são os fornecedores, os concorrentes, os clientes, as entidades governamentais e as instituições financeiras, entre outros. Os *stakeholders* internos são os empregados, os acionistas e a administração da organização, que também influenciam ou são influenciados pela atividade da organização. A Figura 1.6 identifica os principais grupos de *stakeholders* e quais as suas principais expectativas sobre a organização:

Figura 1.6 Principais Stakeholders de uma Organização

A análise de *stakeholders* consiste na identificação e avaliação dos *stakeholders* da organização. São vários os *stakeholders*, mas as organizações concentram fundamentalmente a sua atenção nos seguintes grupos: clientes, colaboradores, acionistas, fornecedores, instituições financeiras e comunidades locais onde a organização desenvolve a sua atividade.

A análise dos *stakeholders* pode ser feita num processo de três etapas. A primeira etapa consiste em identificar os principais *stakeholders*, ou seja, os que têm uma ligação direta com a organização e que têm poder negocial bastante para afetar diretamente as atividades da organização. Os principais *stakeholders* são diretamente afetados pela organização e incluem usualmente os clientes, os colaboradores, os acionistas e as instituições financeiras. As empresas comerciais conhecem usualmente os seus *stakeholders* principais e sabem o que pretendem da organização.

As organizações devem monitorizar sistematicamente os seus *stakeholders,* porque são importantes para satisfazerem as suas responsabilidades económicas e legais. Os clientes querem produtos bons e que justifiquem o preço pago. Os acionistas querem dividendos e a valorização das suas ações. Os fornecedores querem encomendas previsíveis e que lhes paguem atempadamente as faturas. As instituições financeiras querem que paguem os juros e reembolsem o capital. No normal desenvolvimento dos negócios, a relação entre a empresa e cada um dos principais *stakeholders* é regulada por acordos verbais ou escritos e pelas leis.

A segunda etapa na análise de *stakeholders* é identificar os *stakeholders* secundários, que são os que têm apenas uma relação indireta com a empresa, mas são também afetados pelas atividades da empresa. Incluem usualmente os organismos governamentais, as organizações não-governamentais, as comunidades locais, as associações patronais e sindicais e os concorrentes. Como as relações entre a empresa e cada um dos *stakeholders* secundários não é regulamentada por qualquer acordo verbal ou escrito, há aqui um espaço para mal entendidos e desentendimentos. Com exceção dos concorrentes, estes *stakeholders* não são usualmente monitorizados de uma forma sistemática pela organização.

A terceira etapa é estimar o efeito em qualquer grupo de *stakeholders* de decisões estratégicas da organização. Como normalmente as principais decisões da empresa são de natureza económica, pode haver a tendência para ignorar ou secundarizar os *stakeholders* secundários. Todavia, para preencher integralmente as suas responsabilidades sociais e a ética, as empresas devem considerar as necessidades e desejos dos *stakeholders* secundários nas suas decisões estratégicas, como, por exemplo, avaliar o que perdem ou ganham grupos específicos de *stakeholders* ou que outras alternativas existem para compensar as perdas que possam existir.

As organizações devem gerir as relações com os *stakeholders* de uma forma proativa, em função da sua importância para a organização, estabelecendo acordos e parcerias para alcançar os objetivos comuns. Se o *stakeholder* é importante para a organização, como acontece com os acionistas, as organizações devem gerir diretamente a relação com o *stakeholder*, através dos seus departamentos de relações públicas. Se a sua importância não é crítica, então a organização deve acompanhar e monitorizar de forma proativa as suas expectativas, sem necessidade de um acompanhamento direto e permanente.

Novas Tendências da Gestão

As funções e responsabilidades dos gestores têm vindo a mudar drasticamente desde o dealbar do século XXI. Atualmente, as ideias, as informações, as pessoas, os capitais e os produtos, deslocam-se muito rapidamente, o que coloca novos problemas e novos desafios aos gestores. Os gestores do século XXI precisam de ter uma visão global do mundo dos negócios e não se limitarem ao mercado tradicional dos seus produtos ou serviços.

O ambiente de incerteza e de constantes mudanças que carateriza os nossos dias, tem um impacto determinante no trabalho dos gestores, colocando-lhes uma forte pressão no sentido de aumentarem a eficácia e a eficiência na utilização dos recursos. Os gestores de topo são cada vez mais encorajados a estimular os gestores de níveis inferiores no sentido de atingirem os objetivos dos seus departamentos e procurarem novas oportunidades para aumentar a rendibilidade da organização.

Os dois principais factores que têm contribuído para estas mudanças são a **concorrência global**, motivada pelo fenómeno da globalização e os **avanços nas tecnologias de informação**. As novas tecnologias de informação e comunicação (TIC) possibilitam aos gestores, de todos os níveis e em todas as áreas, ter acesso a mais e melhor informação e melhorar as suas capacidades para planear, organizar, liderar, comunicar e controlar. As novas TIC também proporcionam aos empregados mais informação relacionada com o seu trabalho, o que lhes permite estar melhor preparados, mais especializados e mais produtivos.

A outra mudança que mais tem afetado a gestão das organizações é o fenómeno da globalização. A globalização, apesar de proporcionar novas oportunidades às organizações, como o acesso ao capital, a novas tecnologias e o alargamento a novos mercados para onde podem escoar os seus produtos, coloca novos desafios aos gestores e algumas ameaças, como o aumento da competitividade e a existência de uma clientela cada vez mais informada e mais exigente.

Num mundo globalizado como o que vivemos, aos gestores do século XXI colocam-se os seguintes desafios, para os quais têm que estar preparados e que a presente coleção procura encontrar respostas:

1. Construir e manter vantagem competitiva sustentável.
2. Gerir a diversidade cultural dos mercados e da força do trabalho.
3. Empreendedorismo.
4. Utilizar novas tecnologias de informação e *e-commerce*.

CAPÍTULO 1 — FUNDAMENTOS DA GESTÃO MODERNA

5. Manter elevados padrões de ética e responsabilidade social na gestão.

Construir vantagem competitiva sustentável

Vantagem competitiva é a capacidade de uma organização obter melhor desempenho que os concorrentes, porque produz bens e serviços de qualidade de forma mais eficaz e mais eficiente.

As fontes de vantagem competitiva de uma organização resultam de uma maior eficiência, melhor qualidade e rapidez, inovação e maior flexibilidade e capacidade de responder às necessidades dos clientes (Figura 1.7):

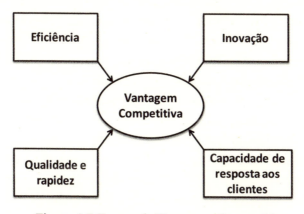

Figura 1.7 Fontes de Vantagem Competitiva

As organizações aumentam a sua eficiência quando reduzem a quantidade de recursos que usam para produzir bens e serviços. No ambiente fortemente competitivo que carateriza os nossos dias, as organizações procuram constantemente novas formas de rendibilizar os seus recursos para aumentar a eficiência. Para o efeito, procuram melhorar a produtividade, através da inovação tecnológica e organizacional e melhorar as capacidades dos seus recursos humanos.

O desafio da globalização também tem obrigado as organizações a desenvolver novas capacidades dos seus colaboradores com vista a aumentar a qualidade dos produtos e serviços. Para o efeito, têm sido introduzidas novas técnicas para aumentar a qualidade, como a gestão da qualidade total (TQM). Os trabalhadores envolvidos na TQM são muitas vezes organizados em equipas de controlo de qualidade e são responsáveis por encontrar novas formas de melhorar o desempenho e monitorizar e avaliar a qualidade dos produtos produzidos pelas suas equipas.

As empresas podem ganhar ou perder vantagem competitiva em função da rapidez com que desenvolvem novos produtos e da flexibilidade com que se adaptam às alterações do mercado e às ações dos seus concorrentes. As empresas que são rápidas e flexíveis na sua capacidade de resposta são concorrentes ágeis. Os seus gestores têm capacidades de planeamento e organização e respondem rapidamente às alterações do meio envolvente. A Apple é uma empresa ágil que responde rapidamente às alterações que vão ocorrendo no mercado digital, de modo a que possa manter vantagem competitiva.

A inovação é o processo de criar bens e serviços ou melhorar o desempenho dos produtos ou serviços existentes, de modo a que os clientes valorizem essas melhorias. Os gestores devem criar uma cultura de inovação na qual as pessoas sejam estimuladas a ser criativas e inovadoras. Normalmente, a inovação surge em pequenas equipas em que a administração descentraliza no grupo as atividades de controlo e cria um sistema que estimula as pessoas a serem inovadoras.

As organizações competem entre si pela angariação e manutenção de bons clientes. Ter bons clientes é um dos principais ativos de uma empresa e fonte de vantagem competitiva. Por isso, é vital ter colaboradores treinados e motivados para atender às necessidades dos clientes. Para uma organização ter vantagem competitiva, é necessário que os gestores usem todas as suas capacidades, competências e recursos disponíveis para encontrar novas formas de melhorar a eficiência, a qualidade, a inovação e o atendimento e capacidade de resposta às necessidades dos clientes.

Gerir a diversidade cultural

Um outro desafio que se coloca hoje aos gestores é a **diversidade cultural**, obrigando-os a entender diferentes modelos culturais, de modo a não ferir os princípios e respeitar os costumes e tradições dos mercados para onde pretendem expandir os seus negócios.

A diversidade da força do trabalho, que se caracteriza por uma crescente heterogeneidade, como a existência de cada vez mais mulheres no trabalho, de minorias étnicas, de empregados mais idosos, que trabalham mais tempo antes da reforma, com a consequente crescente procura de produtos relacionados com os mais idosos, coloca também novos problemas aos gestores.

Empreendedorismo

O **empreendedorismo**, que se define como o processo de iniciar novos negócios, geralmente em resposta a oportunidades do mercado, é também um novo desafio que se coloca aos gestores. Empreendedores são pessoas que assumem o risco do seu próprio negócio e empreendedorismo é o processo de detetar oportunidades de negócio.

Utilizar novos sistemas e tecnologias de informação

Outros desafios importantes com que os gestores modernos se deparam é a utilização eficiente das novas tecnologias de informação nos processos de decisão e o recurso a novas formas de fazer negócio por processos digitais, como é o caso do *e-business*.

O *e-business* (*electronic business*) refere-se ao trabalho que uma organização faz, por via eletrónica, com os seus clientes, parceiros, fornecedores, colaboradores e outros *stakeholders*, designadamente através da *internet*. As organizações que usam meios eletrónicos para comunicar com os seus clientes ou com os colaboradores fazem *e-business*. Abarca o desenvolvimento do produto, marketing, vendas e as formas pelas quais os produtos ou serviços são distribuídos aos clientes

O *e-commerce* (*electronic commerce*) é uma parte do e--business e refere-se ao uso da internet e outros meios eletrónicos para efetuar transações comerciais desde os clientes aos fornecedores. São três os tipos de *e-commerce*: **Business--to-Consumer (B2C), Business-to-Business (B2B)** e **Consumer-to-Consumer (C2C)** (Figura 1.8):

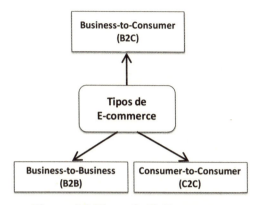

Figura 1.8 Tipos de E-Commerce

As relações *Business-to-Consumer (B2C)* referem-se à venda de produtos ou serviços aos consumidores finais através da internet, como é o caso da Amazon, Expedia, La Redoute. As relações *Business-to-Business* (B2B) referem-se a transações eletrónicas entre organizações. Apesar do B2C ser provavelmente o mais visível, o B2B assume hoje uma importância crescente, podendo utilizar, para além da internet, sistemas eletrónicos privados de *e-commerce*.

A terceira área de *e-commerce* é o *Consumer-to-Consumer* (C2C), que acontece quando um negócio é efetuado através da *internet*, que atua como um intermediário entre consumidores. Acontece quando é criado um grande mercado eletrónico, onde os consumidores podem comprar e vender diretamente a outros consumidores sem intermediários, fazendo praticamente toda a transação via *internet*. São os casos do eBay ou do OLX. Outra área em grande crescimento do C2C é o *Peer-to-Peer* (P2P), que consiste em redes de partilha de ficheiros, como são os casos do iTunes e Grokster, entre outros, que facultam tecnologia para troca online de músicas, filmes e outros ficheiros.

Ética e Responsabilidade Social na Gestão

No desempenho das suas funções os gestores de todos os níveis sofrem diversas formas de pressão, designadamente para aumentar os níveis de desempenho das suas organizações. A pressão para aumentarem o desempenho é positiva porque obriga os gestores a questionarem o funcionamento da organização e encoraja-os a encontrar melhores formas de planear, organizar e dirigir e controlar. Mas a pressão demasiada pode ser prejudicial, podendo induzir os gestores comportarem-se menos éticos.

Ética refere-se ao comportamento individual dos gestores e dos colaboradores no local de trabalho, enquanto a **responsabilidade social** diz respeito às diversas formas pelas quais as organizações procuram balancear os seus interesses com os dos grupos e indivíduos mais relevantes da comunidade em que se inserem. Responsabilidade social é a preocupação que as organizações devem ter com a proteção social e com a realização de ações que promovam e melhorem o desenvolvimento económico, cultural e social das populações. As organizações podem contribuir para programas locais, como apoio ao clube local, às instituições de solidariedade social, ou promoverem atividades culturais, sociais ou desportivas da região.

Existem duas visões de responsabilidade social:

- **Visão clássica** – as empresas existem para dar lucro, pagam os seus impostos e isso socialmente chega pelo efeito redistributivo dos impostos. Por essa via estão a contribuir para a sociedade.

- **Visão contemporânea** – as empresas devem ter em atenção que dependem da sociedade em geral e do meio em que estão inseridas, em termos de mercados, pelo que devem preocupar-se com a promoção de atividades de cariz social.

Há fundamentalmente quatro áreas onde a responsabilidade social levanta mais preocupações:

- **Responsabilidade para com os consumidor*es*** – a empresa não deve atuar contra os seus clientes, causando-lhes prejuízos e perda de confiança. Deve assegurar a qualidade dos produtos, praticar preços justos, dar informação adequada sobre os produtos e ter ética na publicidade.
- **Responsabilidade para com os empregados** – a empresa deve salvaguardar os direitos dos trabalhadores, segurança no trabalho, salários justos e desenvolvimento dos trabalhadores.
- **Responsabilidade para com os investidores** – os gestores podem abusar das suas responsabilidades para com os investidores de diversas formas:
  - Um comportamento irresponsável significa desperdiçar recursos financeiros e outros recursos da empresa, prejudicando os acionistas, que não recebem os dividendos a que teriam direito.
  - Outra forma de abuso é o *inside trading*, que consiste em usar informação confidencial em proveito próprio, como, por exemplo, comprar ou vender ações, usando informação privilegiada que têm sobre a empresa.

- **Responsabilidade para com a sociedade e o ambiente** – a empresa deve controlar a poluição do ar, da água e dos terrenos, dar tratamento adequado aos afluentes e resíduos tóxicos, higiene, segurança, reciclagem de embalagens.

A ética nos negócios tem a ver com os comportamentos e a tomada de decisões dos gestores, tendo como pano de fundo o conceito de moralidade aplicada aos negócios. A ética nos negócios assume um papel determinante no sucesso da relação da organização com o meio envolvente e com a sociedade. Os escândalos recentes em algumas das maiores empresas mundiais, nomeadamente empresas americanas e até em empresas nacionais, reforçam a relevância do tema no atual contexto da gestão.

A adoção de comportamentos éticos e a responsabilidade social das organizações passaram a ser uma exigência das sociedades modernas. Cada vez mais as questões relacionadas com a ética e a moralidade das práticas empresariais têm vindo a assumir uma importância crescente como elementos decisivos no processo de tomada de decisão.

A ética na gestão empresarial preocupa-se com a verdade e a justiça e tem a ver com os seguintes fatores:

- Expectativas da sociedade.
- Concorrência.
- Publicidade.
- Relações públicas.
- Responsabilidade social.
- Liberdade do consumidor.
- Comportamento da empresa.

Para evitar comportamentos não éticos ou mesmo ilegais, quer dos gestores quer dos colaboradores, muitas empresas têm vindo a tomar medidas para encorajar comportamentos éticos nas organizações.

Para o efeito, têm elaborado códigos de conduta ou códigos deontológicos sobre a forma como a organização e os colaboradores se devem comportar nos negócios, mas a forma mais efetiva de assegurar comportamentos éticos na organização é criar uma cultura organizacional assente em padrões de comportamento, com forte empenhamento da gestão e difundir essa conduta por todos os membros da organização. Sem dúvida, a melhor forma de formalizar o empenhamento da gestão nas práticas de ética de gestão é adotar códigos de conduta escritos e instituir programas éticos que encorajem comportamentos éticos e que devem ser reportados comportamentos ou atividades menos éticas.

Enquanto a ética nos negócios está usualmente relacionada com dilemas éticos pelos gestores como indivíduos, a responsabilidade social está usualmente relacionada com as consequências éticas de políticas e procedimentos da organização.

Resumo do Capítulo

Neste capítulo, apresentámos os princípios fundamentais da gestão das organizações. Gestão é o processo de coordenar as atividades de uma organização, através das pessoas, de modo a que sejam desempenhadas de forma eficaz e eficiente. O processo de gestão é composto por quatro atividades interrelacionadas, como planeamento, organização, direção e controlo.

Para desempenhar a sua atividade, os gestores devem possuir determinadas capacidades e aptidões, que variam de acordo com a posição que ocupam na hierarquia da organização. As capacidades concetuais são as mais importantes para um gestor de topo, ao passo que as capacidades técnicas são as mais importantes para os níveis mais baixos da hierarquia. Como a função dos gestores é atingir os objetivos organizacionais através das pessoas, todos os gestores lidam com pessoas, pelo que todos devem ter capacidades humanas.

Mas as funções dos gestores têm vindo a mudar drasticamente nos últimos anos, em virtude do aumento da concorrência global, motivado pelo fenómeno da globalização e dos avanços das tecnologias de informação.

O ambiente de incerteza e de mudanças rápidas no meio envolvente tem um impacto decisivo no trabalho dos gestores, colocando novos desafios cada vez mais exigentes. Para os enfrentar, os gestores devem ter novas competências de gestão para as quais a gestão moderna procura encontrar respostas.

Questões

1. O que entende por gestão e quais as funções dos gestores?
2. O que é mais importante no desempenho organizacional: a eficácia ou a eficiência? Podem os gestores melhorá-las simultaneamente?
3. Quais os níveis de gestão existentes nas organizações? Dê exemplos de gestores em cada um dos níveis.
4. Que ameaças e oportunidades a globalização e a diversidade cultural no local de trabalho podem trazer à gestão?
5. Comente a seguinte afirmação:
6. "Um professor diz aos seus alunos que o objetivo de estudar gestão é ensinar gestão e não a serem gestores". Concorda? Justifique.
7. Quem são os principais *stakeholders* de uma organização? Quem são os principais *stakeholders* com que a maioria das empresas se deve relacionar?
8. Faça a distinção entre ética e responsabilidade social das organizações?
9. O que significa ser um empregador socialmente responsável? Quais são os benefícios para uma empresa que decide dar uma grande prioridade à responsabilidade social?
10. Qual a relação entre governança e responsabilidade social das empresas?
11. Na sua opinião, que área de responsabilidade social é mais importante? Justifique.
12. Quais são as quatro principais áreas onde a responsabilidade social deve estar presente.
13. Comente a seguinte afirmação:

"Não há empresas falidas. A má gestão é que pode levar as empresas à falência".

Referências

Daft, R. L., Kendrick, M. e Vershinina, N. (2010), Management, South-Western, Cengage Learning, United Kingdom.

Donnelly, Gibson e Ivancevich (2000), Administração: Princípios de Gestão Empresarial, 10ª Edição, McGraw-Hill.

Jones, G. e George, J. (2011), Contemporary Management, 7th edition, McGraw-Hill/Irwin, New York.

Robbins, S. P. e Coulter, M. (2014). Management, Twelfth Edition, Pearson Education, Inc. Upper Side River, New Jersey.

Capítulo 2
Desenvolvimentos da Teoria da Gestão

O principal objetivo do presente capítulo é explicar porque é importante estudar a evolução do pensamento da gestão e descrever as importantes contribuições das teorias clássicas de Frederick Taylor, Henri Fayol, Max Weber e Elton Mayo para o desenvolvimento da gestão. São também analisadas as contribuições das teorias contemporâneas, como as abordagens comportamental, sistémica e contingencial.

Para cada uma destas escolas, são abordados os pressupostos que lhe servem de base, o foco de análise, os conceitos chave e as principais contribuições e limitações.

Por fim, são abordadas as novas tendências da gestão, como a aprendizagem organizacional, a gestão por objetivos, a gestão da qualidade total, a organização como uma cadeia de valor e a gestão do conhecimento.

Depois de ler e refletir sobre este capítulo, o leitor deve ser capaz de:

- Compreender as teorias organizacionais e a sua importância para a prática da gestão.
- Compreender as condições históricas que impulsionaram o surgimento da gestão como disciplina autónoma.

- Descrever as importantes contribuições das teorias clássicas da administração.
- Destacar as principais contribuições do enfoque comportamental para a gestão.
- Analisar a abordagem sistémica e destacar a sua relevância na atualidade.
- Destacar a contribuição da abordagem contingencial.
- Perceber o alcance e a importância das novas tendências do pensamento da gestão.

Teorias Clássicas da Gestão

A procura de princípios de gestão universais e aplicáveis a todas as indústrias começou com a revolução industrial nos finais do século XIX. A abordagem clássica da gestão teve início com as ideias de gestão desenvolvidas por Jules Henri Fayol nos inícios do século XX, em que deu particular atenção à definição de gestão e aos princípios de gestão e prosseguiu com a teoria da administração científica do trabalho, desenvolvida por Frederick Taylor, baseada no estudo da melhor forma de desempenhar uma tarefa, tendo em vista aumentar a produtividade do trabalho.

Frederick Taylor e a Teoria da Administração Científica do Trabalho

O final do século XIX caracterizou-se por um forte crescimento económico, fruto da revolução industrial que se verificou no mundo ocidental, dando origem ao aparecimento de numerosas fábricas, nova maquinaria e pleno emprego.

O problema que se colocava na altura era como organizar de forma eficiente todos estes fatores de produção para dar resposta à procura crescente e à satisfação das necessidades dos consumidores. Frederick Taylor (1856-1915) cresceu neste ambiente e foi para lutar contra este estado de coisas que em 1911 publicou o seu livro "*The Principles of Scientific Management*", que se baseava nos seguintes princípios:

- Colocar as pessoas certas nos postos de trabalho corretos, com as ferramentas e os equipamentos mais adequadas.
- Estabelecer um método estandardizado de executar o trabalho.
- Providenciar incentivos para o trabalhador.

Frank Gilbreth (1868-1924) e Lillian Gilbreth (1878-1972) refinaram os métodos de Taylor ao introduzirem melhorias significativas no estudo dos tempos e movimentos do trabalho. Frank e Lillian Gilbreth, após análise direta dos tempos e movimentos e do redesenho dos métodos de trabalho numa fábrica de tijolos, verificaram que era possível reduzir o número de movimentos de 18 para 5 por tijolo. Os seus estudos basearam-se na divisão do trabalho em tarefas mais simples, em encontrar a melhor forma (*the right way*) de desempenhar cada tarefa e na reorganização de cada ação para ser mais eficiente. O casal Gilbreth também estudou os problemas de fadiga, de iluminação e de ruído no local de trabalho.

Henry Gantt (1861-1919), que foi colega de Taylor na *Bethlehem Steel Company*, deu também um importante contributo para a teoria da administração científica do trabalho, ao introduzir fatores de humanização, como o pagamento de incentivos, com a atribuição de um salário fixo e de bónus em função da produtividade demonstrada.

Henri Fayol
e a Teoria da Gestão Administrativa

Enquanto Frederick Taylor se preocupou com a gestão eficiente dos processos operacionais da força do trabalho, Henri Fayol (1841-1925) abordou os princípios gerais da administração. Formado em engenharia de minas, assumiu em 1888 a direção de uma empresa de aço que se encontrava em sérias dificuldades, tornando-a, em pouco mais de dez anos, numa empresa lucrativa e uma das maiores empresas públicas francesas.

Esta escola, que foi marcante na primeira metade do século XX, tinha como principal abordagem a melhoria da eficiência da gestão ao nível da organização como um todo, ao passo que Taylor se focou na melhoria da eficiência da empresa ao nível do processo produtivo. Para Fayol, a administração era um processo estruturado que podia e devia ser estudado nas escolas e universidades.

Fayol definiu as funções da administração do seguinte modo, que não diferem substancialmente das funções do gestor como hoje as vemos:

> **Planeamento** – prever o futuro e determinar as atividades a desenvolver com vista a atingir os objetivos propostos.
> **Organização** – construir uma estrutura organizacional que estabeleça a autoridade e a responsabilidade e como são distribuídos os recursos pela organização.

Comando – processo de administração da força do trabalho, com vista a atingir os objetivos.
Coordenação – ligar, unir e harmonizar todas as tarefas da organização.
Controlo – processo de monitorizar e avaliar o desempenho e velar para que tudo ocorra de acordo com as regras estabelecidas.

Outra contribuição significativa de Fayol foi o estabelecimento de 14 princípios universais de gestão sobre a forma como realizar as tarefas funcionais dos gestores:

1. **Divisão do trabalho** – especialização do trabalho, necessária para o sucesso empresarial.
2. **Autoridade** – direito de dar ordens, acompanhado pela responsabilização.
3. **Disciplina** – necessidade de estabelecer regras, obediência e respeito para atingir estabilidade. A falta de disciplina leva ao caos.
4. **Unidade de comando** – cada empregado deve receber ordens de uma única pessoa.
5. **Unidade de direção** – todos os esforços coordenados e focados na mesma direção.
6. **Subordinação** dos interesses individuais ao interesse geral.
7. **Remuneração justa** de acordo com a contribuição.
8. **Centralização** – encontrar o nível ótimo para cada organização.
9. **Cadeia hierárquica** na comunicação.
10. **Ordem** dos recursos humanos e materiais.
11. **Equidade** – sentimento de justiça para originar serviços dedicados e leais.

12. **Estabilidade dos empregados** – os indivíduos necessitam de tempo para conhecerem a sua função.
13. **Iniciativa** – formular e operacionalizar um plano como forma de elevada satisfação.
14. **Espírito de equipa** – o esforço harmonioso entre indivíduos é a chave do sucesso.

Elton Mayo e a Teoria das Relações Humanas

Esta escola surgiu porque as teorias clássicas de Taylor e Fayol não conseguiram proporcionar suficiente eficiência da produção e harmonia no local de trabalho.

Elton Mayo (1880-1949), professor da Universidade de Harvard, estudou um grupo de operários que trabalhavam na linha de montagem de relés para telefones da *Western Electric Company*, em *Hawthorne*, nos arredores de Chicago, com vista a descobrir quais os fatores que tinham mais influência na produtividade dos trabalhadores. Estes estudos ficaram conhecidos como as experiências de Hawthorne, cujas conclusões deram origem à *teoria das* relações humanas, que tiveram um forte impacto no pensamento da gestão sobre a maneira de gerir e perceber a produtividade do trabalho.

As experiências de Hawthorne tiveram quatro fases:

1. Experiência para determinar os efeitos das alterações da iluminação na produtividade.
2. Experiência para determinar os efeitos das mudanças de horário e de outras condições de trabalho, como os tempos de descanso e pausas, na produtividade (experiência da montagem de relés).

3. Programa de entrevistas abrangendo toda a fábrica, no sentido de conhecer atitudes e sentimentos dos trabalhadores.
4. Determinação e análise da organização social do trabalho (experiência da montagem de centrais telefónicas).

Ao contrário do que esperavam, os investigadores chegaram à conclusão que a iluminação do local de trabalho teve um efeito reduzido na produtividade e que as alterações nas condições de trabalho, como, por exemplo, a temperatura do local de trabalho e as pausas, tinham um efeito reduzido na produtividade. A experiência da montagem de centrais telefónicas debruçou-se sobre o efeito de um plano de pagamento de incentivos ao grupo por trabalho à peça. Os investigadores concluíram que o plano de incentivo salarial tinha menos importância nos resultados obtidos por um trabalhador individual do que a sua aceitação pelo grupo e a sua segurança.

As experiências de Hawthorne mostraram que, ao contrário do que se pensava até então, mais do que as condições físicas do local de trabalho ou os incentivos, são os fatores emocionais e psicológicos que influenciam a produtividade dos trabalhadores.

Apesar das críticas a que foram sujeitas, as experiências de Hawthorne tiveram um impacto significativo na prática e no avanço da disciplina da gestão, na medida em que atacaram os aspetos desumanizantes da abordagem científica da gestão e as formas burocráticas da organização, constituindo o embrião das modernas teorias comportamentais da gestão.

Max Weber e a Teoria Burocrática

Enquanto Fayol e Taylor se preocuparam com os problemas da gestão, Max Weber (1864-1920), sociólogo alemão, interessou-se pelo estudo das diferentes estruturas organizacionais. Weber estudou as grandes estruturas que se mostraram eficientes, como o Império Egípcio, o Exército Prussiano, a Igreja Católica e outras grandes organizações, a partir das quais desenvolveu uma teoria baseada no tipo ideal de organização, a que chamou **Teoria Burocrática**. A burocracia de Weber coloca a ênfase na racionalidade, na competência técnica e no autoritarismo.

Para Max Weber, a burocracia é a forma mais racional e eficiente de organização, que deve apresentar as seguintes caraterísticas:

> **Divisão do trabalho:** o trabalho deve ser dividido em tarefas simples que permitam a sua execução de forma eficiente e produtiva.
> **Hierarquia de autoridade:** a hierarquia demonstra a forma pela qual os superiores têm autoridade para dirigirem os seus subordinados, com vista à obtenção dos resultados pretendidos.
> **Fixação de regras e procedimentos formais:** a elaboração de regras e procedimentos formais claros e precisos assegura a uniformidade das ações desenvolvidas e um maior controlo do seu cumprimento.
> **Mérito em detrimento do favoritismo:** as regras e os controlos devem ser aplicados de maneira uniforme a todos, evitando-se privilégios e favoritismos.

Abordagens Contemporâneas

Abordagem Quantitativa

A abordagem quantitativa apela ao uso de técnicas quantitativas para melhorar a tomada de decisão. Esta abordagem também é conhecida como **gestão científica**. As teorias quantitativas envolvem métodos e modelos matemáticos e estatísticos desenvolvidos para problemas militares no âmbito da II Guerra Mundial, designadamente para resolver problemas de logística e de controlo da qualidade.

Depois de terminar a guerra, muitas destas técnicas, usadas para problemas militares, foram aplicadas à gestão, dando origem ao aparecimento da investigação operacional, da cibernética e de sistemas e tecnologias de informação. Estas teorias visam a melhoria da tomada de decisão, através da aplicação de métodos estatísticos, optimização de modelos, informática e simulações em computador.

Abordagem Comportamental

Os estudos da teoria das relações humanas contribuíram para chamar a atenção para a importância do fator humano na gestão. A esta área de estudo, em que os investigadores se preocupam com o comportamento das pessoas no local de trabalho, chama-se **comportamento organizacional**. Muito do que os gestores fazem hoje em dia, quando gerem pessoas – motivação, liderança, gestão de equipas, gestão de conflitos – teve origem nos estudos sobre comportamento organizacional.

Apesar dos vários trabalhos desenvolvidos na segunda metade do século XX sobre comportamento organizacional, dois nomes merecem destaque pelo seu contributo para o desenvolvimento do comportamento organizacional – Mary Parker Follett (1868-1933) e Chester Barnard (1886-1961).

Se Frederick Taylor é considerado como o pai da gestão científica, Mary Parker Follett valorizou o lado humano das organizações. Os seus contributos foram variados e distintos, mas ambos acreditavam que as pessoas eram o ativo mais importante numa organização e deviam ser geridos em conformidade. Enquanto Taylor ignorou o lado humano da organização, Follett argumentava que os trabalhadores, porque conhecem bem os seus postos de trabalho, deviam ser envolvidos na análise e descrição das funções de trabalho e os gestores deviam permitir que os trabalhadores participassem no desenvolvimento do processo de trabalho. Defendia o desenvolvimento de funções e que o poder deveria fluir diretamente para as pessoas que melhor podem contribuir para os objetivos da organização.

Abordagem Sistémica

Um sistema é um conjunto interrelacionado de partes que funcionam como um todo, capaz de atingir um objetivo comum. Um sistema funciona pela aquisição de meios (*inputs*) no meio envolvente externo, submete-os a um processo de transformação e coloca os *outputs* no meio envolvente. A Figura 2.1 descreve a organização como um sistema:

CAPÍTULO 2 — DESENVOLVIMENTOS DA TEORIA DA GESTÃO

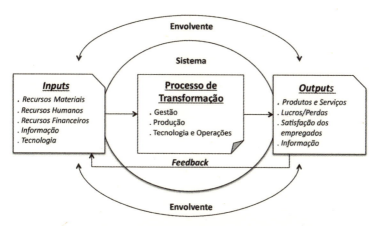

Figura 2.1 A Empresa como Um Sistema

Conforme se verifica pela Figura 2.1, a teoria dos sistemas consiste em cinco componentes: *inputs,* processo de transformação, *outputs, feedback* e meio envolvente.

Os sistemas podem ser abertos ou fechados. Os sistemas abertos interagem com o meio envolvente, enquanto os sistemas fechados não interagem com a envolvente externa à organização. Na perspetiva clássica, as organizações eram muitas vezes vistas como sistemas fechados, admitindo-se que não havia perturbações externas que afetassem a gestão. Na realidade, as organizações são sistemas abertos e ignorar as alterações do meio envolvente pode levar ao fracasso da gestão e dos gestores.

Abordagem Contingencial

Uma segunda visão da gestão moderna é a abordagem contingencial. As abordagens clássicas assumem uma visão universalista da gestão, ou seja, pensava-se que os conceitos da gestão eram universais e válidos para todas as organizações. Pelo contrário, a gestão moderna entende que cada situação é um caso e é única. Os princípios não são universais e a gestão aprende-se, experimentando um grande número de situações e casos. Compete aos gestores a tarefa de determinar que métodos devem utilizar em cada nova situação.

Como muitas vezes acontece em gestão, nenhuma destas visões está inteiramente correta. A teoria contingencial procura fazer a integração destas duas visões de gestão.

A perspetiva contingencial da gestão significa que a resposta de um gestor depende da identificação das contingências numa situação organizacional. A visão contingencial diz-nos que o que funciona bem numa determinada situação pode não funcionar bem noutra. O trabalho do gestor é procurar as contingências mais importantes. Quando os gestores conseguem identificar as caraterísticas mais importantes das suas organizações, estão em melhores condições para ajustarem as soluções a essas caraterísticas.

As principais contingências que os gestores devem perceber situam-se ao nível da indústria em que operam, da tecnologia, do meio envolvente e da cultura da organização.

Novas Abordagens à Teoria da Gestão

Aprendizagem Organizacional

A informação é assimilável a um conhecimento que enriquece a capacidade do gestor de reduzir a incerteza. Se virmos a empresa como um sistema aberto, é do meio envolvente externo que vem a inovação e a mudança que obriga os gestores a adaptarem-se às novas condições e a atuarem sobre esse meio envolvente. Para serem competitivas em ambientes dinâmicos, as empresas têm vindo a tornar-se menos burocráticas e mais flexíveis.

A empresa pode ser vista como um ente social capaz de acumular conhecimento, de o interpretar e de o guardar em memória, como uma organização empenhada no processo de aprendizagem. Huczynski & Buchanan (2013) descreveram a organização que aprende como uma forma organizacional que estimula o indivíduo a criar resultados válidos, tais como inovação, eficiência, adaptação ao meio envolvente e vantagem competitiva. Para Johnson, Whittington & Scholes (2011), uma organização que aprende é capaz de continuamente se regenerar a partir da variedade de conhecimentos, experiência e capacidade dos indivíduos inseridos numa cultura que encoraja o questionamento mútuo e desafia a partilha de objetivos comuns. Esta aprendizagem é essencial no plano estratégico, sem a qual o risco de erro estratégico é maior.

Os conceitos de "aprendizagem organizacional" (*organizational learning*) e de "organização que aprende" (*learning organization*) têm merecido especial interesse por parte dos gestores e dos académicos e baseiam-se na teoria dos sistemas e na teoria contingencial. A sua difusão deve-se a Peter Senge, Professor do MIT (*Massachusetts Institute of Technology*). Segundo este autor, as empresas de sucesso são as que sabem aproveitar as capacidades de apreensão e de comprometimento dos membros da organização, que ele designa por organizações que aprendem. Para Senge, os gestores devem encorajar os colaboradores a estar abertos a novas ideias que resultam de mudanças económicas, sociais e técnicas.

São três os fatores que justificam esse interesse:

- As rápidas mudanças do meio envolvente, que obrigam as organizações a ter que experimentar novas formas de gestão que respondam mais adequadamente às alterações da procura.
- O papel das competências e recursos internos na explicação da competitividade das empresas obriga a aprofundar o mecanismo de criação, difusão e memorização dos seus conhecimentos.
- As políticas de reformas massivas, inspiradas no *lean management*, têm como efeito a perda de competências adquiridas pelos trabalhadores ao longo dos anos.

Uma **organização que aprende** pode definir-se como uma organização em que todos os seus elementos estão envolvidos em identificar e resolver problemas e têm a capacidade de se adaptar continuamente às mudanças do meio envolvente. É uma organização capaz de criar, adquirir e transformar conhecimento e de mudar o seu comportamento de modo a refletir o novo conhecimento e novas capacidades. A ideia essencial é resolver prolemas, em contraste com a organização tradicional, hierárquica e burocrática, que busca a eficiência e o controlo, com estruturas formais construídas para a estabilidade em vez da mudança. A aprendizagem organizacional é uma componente crítica da competitividade num ambiente dinâmico e altamente competitivo. É particularmente importante para inovar e desenvolver novos produtos.

As organizações que aprendem são especialmente hábeis em quatro atividades principais:

- Resolver problemas.
- Experimentar novas abordagens aos problemas.

– Aprender com as suas próprias experiências, bem como com as experiências dos outros, evitando cometer os mesmos erros. As organizações que estão disponíveis a novas experiências e são capazes de aprender com as suas experiências são mais bem-sucedidas do que as que não têm essa capacidade.
– Transferir o conhecimento de forma rápida e eficiente por toda a organização.

Para desenvolver uma organização que aprende, os gestores devem fazer alterações em todos os subsistemas da organização. Para que uma organização seja uma organização que aprende tem que promover continuamente três importantes valores: colaboração e comunicação entre *os* departamentos (*team-based structure*), crescimento e valorização dos empregados (*empowered employees*) e partilha da informação (*open information*).

Gestão por Objetivos

A **Gestão por Objetivos (*Management by Objectives – MBO*),** desenvolvida por Peter Drucker (1909-2005) no seu livro "*The Practice of Management (*1954)", é uma técnica de gestão que encoraja a decisão participativa, através da definição e partilha dos objetivos para todos os departamentos da organização, em que a avaliação do desempenho se baseia no alcance dos objetivos estabelecidos. Uma vez que é um sistema que liga os planos ao desempenho, é uma técnica poderosa de implementação da estratégia.

A gestão por objetivos pressupõe:

1. O estabelecimento e a comunicação de objetivos organizacionais.
2. O estabelecimento de objetivos individuais.
3. O desenvolvimento de um plano de ação das atividades necessárias para atingir os objetivos.
4. A revisão periódica do desempenho e a análise dos desvios relativamente aos objetivos.

O modelo das principais etapas da gestão por objetivos está representado na Figura 2.2:

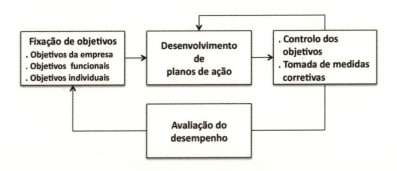

Figura 2.2 Modelo de Gestão por Objetivos

Conforme Figura 2.2, são quatro as principais etapas de um processo de gestão por objetivos:

1. **Fixação de objetivos** – a fixação de objetivos deve envolver os colaboradores a todos os níveis. Os gestores estabelecem os critérios e objetivos globais, os quais são desdobrados pelos diversos departamentos ou funções. Os objetivos devem ser acordados entre os responsáveis das diversas áreas e os colaboradores,

tendo em vista criar um clima de forte empenhamento e comprometimento para alcançar os objetivos.
2. **Desenvolvimento de planos de ação** – um plano de ação define as medidas e ações a desenvolver para atingir os objetivos.
3. **Revisão de objetivos** – é importante fazer o controlo periódico dos objetivos. Este controlo é necessário para assegurar que os planos são executados conforme planeado.
4. **Avaliação do desempenho global** – a etapa final da gestão por objetivos é avaliar se os objetivos anuais foram alcançados, quer pelos colaboradores individualmente, quer pelos departamentos. O sucesso ou insucesso em alcançar os objetivos deve fazer parte do sistema de avaliação do desempenho e ter influência na promoção nas carreiras e na atribuição de incentivos.

Um processo de gestão por objetivos pode ter muitos benefícios para a organização. Um dos principais benefícios é reduzir os conflitos internos, na medida em que as pessoas sabem qual a sua missão e posição na empresa e que o sistema de incentivos se baseia no trabalho efetivamente desenvolvido e não em quaisquer jogos de poder.

Gestão da Qualidade Total

A **gestão da qualidade total** (*Total Quality Management* – **TQM**) é uma filosofia de gestão que procura a satisfação do cliente e a melhoria contínua da qualidade de todas as funções da organização. A TQM inclui todas as atividades necessárias para obter e colocar no mercado produtos e serviços de elevada qualidade ou de excelência. Como visa reduzir os custos e melhorar a qualidade, a TQM pode ser usada como um programa para implementar uma estratégia de redução dos custos ou como uma estratégia de diferenciação.

O conceito de TQM tornou-se especialmente atrativo para os gestores europeus e americanos nos anos 1980/90, dado o sucesso que a sua implementação implicou nas empresas japonesas, como a Toyota, Canon e Honda, que ganharam quota de mercado e reputação internacional pela qualidade dos seus produtos. Foi inspirado nos trabalhos desenvolvidos por dois norte-americanos William Edwards Deming (1900-1993) e Joseph M. Juran (1904-2008) nos anos 50. As ideias e técnicas que defendiam não tiveram grande eco nos Estados Unidos, mas foram entusiasticamente abraçadas pelas empresas e organizações japonesas. A TQM engloba todas as áreas do negócio, incluindo clientes, fornecedores e colaboradores.

A gestão da qualidade total tem quatro objetivos fundamentais:

1. Ser melhor na qualidade dos produtos e serviços.
2. Ser mais rápido na resposta às necessidades dos clientes.
3. Ser mais flexível em ajustar às exigências dos clientes.
4. Ter custos mais baixos através da melhoria da qualidade e eliminação de tarefas que não acrescentam valor.

De acordo com esta teoria, processos defeituosos e empregados desmotivados são a causa de deficiências na qualidade.

A TQM envolve uma mudança significativa na cultura da empresa, requer uma liderança forte da gestão de topo, treino dos empregados, valorização das tarefas dos empregados de primeira linha e trabalho de equipa. A inspeção da qualidade é necessária, mas a ênfase deve ser colocada na melhoria dos processos para prevenir erros e deficiências.

São quatro os elementos fundamentais para o sucesso da gestão da qualidade total: **trabalho em equipa** (círculos de qualidade), **envolvimento dos trabalhadores**, *benchmarking* e **melhoria contínua**.

Os **círculos de qualidade** são grupos de 6 a 12 empregados que se encontram regularmente para identificar, discutir e resolver problemas que afetam a qualidade do seu trabalho. O **envolvimento dos trabalhadores** significa que a gestão da qualidade total implica a participação de toda a organização no controlo da qualidade. Todos os trabalhadores devem estar focados no cliente. As empresas orientadas para a gestão da qualidade total sabem o que os clientes querem e vão de encontro à satisfação das suas necessidades e desejos.

Introduzido pela Xerox em 1979, o *benchmarking* é hoje o principal componente da TQM. Define-se como o processo contínuo de medir os produtos, os serviços e as melhores práticas entre concorrentes e não concorrentes que têm desempenhos superiores e procurar imitar e fazer melhor do que eles. É uma ferramenta de controlo para identificar e medir diferenças de performance e áreas para melhorar. A abordagem da **melhoria contínua**, ou *Kaizen,* consiste na implementação de um grande número de pequenas melhorias incrementais em todas as áreas da organização.

Para ser bem-sucedida, a TQM deve satisfazer, pelo menos, os seguintes requisitos:

a. **Toda a organização deve estar orientada para a satisfação dos clientes e não apenas o departamento de marketing** – todos os colaboradores devem estar bem cientes de que a empresa e os seus postos de trabalho existem para satisfazer as necessidades dos clientes.
b. **Toda a organização deve estar tão orientada para os clientes internos como para os clientes externos** – todos os colaboradores devem estar tão empenhados em satisfazer as necessidades dos clientes internos como dos clientes externos.
c. **Todas as operações devem poder ser medidas** – os colaboradores devem saber o que medir, como medir e como interpretar os dados. Só se pode melhorar o que se pode medir.
d. **Melhoria contínua dos produtos e serviços** – todos os colaboradores devem estar cientes de que as operações precisam de ser continuamente monitorizadas para encontrar formas de melhorar os produtos e serviços.
e. **As relações de trabalho devem ser baseadas na confiança e no trabalho em equipa** – os resultados da investigação provam que a chave do sucesso da TQM está ligada ao envolvimento das pessoas, a uma cultura organizacional aberta e à valorização dos colaboradores.

A Organização como uma Cadeia de Valor

As estratégias tradicionais descrevem as empresas como um sistema usado para transformar *inputs* em *outputs*. No centro deste processo de transformação situa-se a capacidade técnica que permite produzir os bens ou serviços. As empresas são geridas como entidades individuais, em vez de membros de uma **cadeia de valor ou de uma cadeia de abastecimento** (*Value Chain* ou *Supply Chain*). Uma cadeia de valor é um conjunto de empresas e uma cadeia de atividades que trabalham em conjunto para criar um produto, que começa com a compra de matérias-primas aos fornecedores, atravessa uma série de atividades de valor que envolvem a produção de um produto ou serviço e acaba com os distribuidores a assegurar que os produtos chegam às mãos do consumidor final (Figura 2.3):

Figura 2.3 Cadeia de Valor Típica de um Produto Industrial

O conceito de cadeia de valor deve-se a Michael Porter, da Universidade de Harvard, defendendo que os gestores se devem focar na sequência de atividades que agregam valor aos produtos e serviços fornecidos. A gestão da cadeia de valor refere-se ao processo integrado das atividades ao longo de toda a cadeia de valor de um produto ou serviço, desde as atividades de compra aos fornecedores até ao serviço pós-venda. Para atingir os seus objetivos, a cadeia de valor deve integrar todos os membros do processo e requer o envolvimento de todas as empresas que compõem a cadeia.

A cadeia de valor é uma rede de produtores e fornecedores de serviços que trabalham em conjunto para transformar e movimentar produtos desde as matérias-primas até aos consumidores finais. A gestão da cadeia de valor envolve a gestão ativa das atividades da cadeia e as relações com vista a maximizar o valor para o cliente e conseguir vantagem competitiva sustentável.

A gestão do fluxo físico dos produtos desde as matérias-primas até ao consumidor final de produtos acabados designa-se por **logística**. A logística é a parte da cadeia de abastecimento que planeia, implementa e controla o fluxo e armazenagem eficiente dos produtos, serviços e informação pertinente, desde o ponto de origem ao ponto de consumo para ir de encontro às exigências do consumidor. A logística cobre um vasto conjunto de atividades desde o transporte, armazenagem, movimentação de mercadorias, embalagem e gestão de inventários.

A **gestão da cadeia de abastecimento (*Supply Chain Management* – SCM**) baseia-se na ideia de que os membros de uma cadeia ganham vantagem competitiva se trabalharem em conjunto e de forma coordenada. A SCM inclui o planeamento e coordenação de parcerias de canais de distribuição, obtenção dos recursos necessários, produtos e serviços para apoiar a cadeia, facilidades de expedição e construção de relações com clientes. A sua gestão é hoje muito facilitada pelas novas tecnologias de comunicação e informação, que processam, organizam e armazenam as informações, relacionando as atividades da organização com a rede de parcerias. Sistemas de informação CRM (*Customer Relationship Management*) e ERP (*Enterprise Resource Planning*) permitem reestruturar a cadeia de forma a servir cada vez melhor os clientes e os consumidores finais (Figura 2.4):

CAPÍTULO 2 — DESENVOLVIMENTOS DA TEORIA DA GESTÃO

Figura 2.4 Gestão da Cadeia de Valor

Uma cadeia de valor para um produto ou serviço é uma sequência de atividades ou fluxo de informação, materiais e serviços interrelacionados, que começa com os fornecedores de matérias-primas e continua a acrescentar valor através de outros estádios na cadeia de empresas, que contribuem para a transformação de recursos em produtos e serviços e para que esses produtos e serviços cheguem ao cliente final. Cada membro da cadeia foca-se em toda a cadeia de relações em vez de se focar unicamente na etapa seguinte da cadeia. Para manterem vantagem competitiva, as organizações devem ser capazes de oferecer, de forma sustentável, mais valor para os clientes do que os seus concorrentes. A cadeia de valor refere-se ao conjunto de empresas e atividades que atuam em conjunto para criar um produto ou prestar um serviço.

Gestão do Conhecimento

Recentemente os gestores têm vindo a reconhecer a gestão do conhecimento (*knowledge management*) como o recurso mais valioso de uma organização, que deve ser gerido tal como gerem os recursos materiais ou os fluxos financeiros. Um sistema de gestão do conhecimento refere-se aos esforços de obter, organizar, integrar, sistematizar e partilhar os conhecimentos entre os colaboradores. A gestão do conhecimento, recorrendo às novas tecnologias de informação, promove e facilita uma cultura de contínua aprendizagem e de partilha de conhecimento e contribui para a redução de custos, aumento da produtividade, inovação e crescimento das organizações (Figura 2.5):

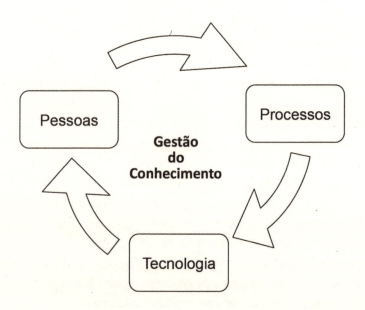

Figura 2.5 Gestão do Conhecimento

Conhecimento não é o mesmo que dados ou informação, mas o conhecimento baseia-se em dados e informação. Os dados são necessários, mas, para serem úteis à organização, têm que ser tratados, processados e transformados em informação, relacionando-os com outros dados. Por exemplo, uma empresa pode ter dados sobre as vendas numa gama de um produto, mas precisa de saber o perfil dos compradores, como a percentagem das pessoas que compram o produto.

Informação é o conjunto de dados que são relacionados com outros dados e transformados em informação útil para determinados fins da organização. **Conhecimento** é a conclusão a que se chegar sobre a informação, depois de a relacionar com outra informação e comparar com o conhecimento existente. Conhecimento é a informação adquirida e posta em prática para fins úteis à organização.

As novas tecnologias de informação facilitam a gestão do conhecimento, na medida em que permitem às organizações dispor de importantes bases de dados, analisar os dados e transformar esses dados em informação e conhecimento e disseminar esse conhecimento pela organização. Há hoje uma grande variedade de *software* que apoia a gestão e partilha do conhecimento, através da organização, como a internet, a intranet, as web-conferências, que permitem o acesso simultâneo e instantâneo da generalidade dos colaboradores a múltiplas fontes de informação.

As organizações usam uma variedade de sistemas de tecnologias de informação para facilitar a recolha, análise e partilha de informação e conhecimento. Uma área importante da gestão do conhecimento é o uso de sistemas de gestão da relação com o cliente (CRM), a desenvolver no volume dedicado ao marketing.

Resumo do Capítulo

O principal objetivo deste capítulo é apresentar uma breve análise dos desenvolvimentos da teoria da gestão, desde os seus primórdios até às mais recentes tendências da gestão. O estudo sistemático da gestão começou nos finais do século XIX com o aparecimento na Europa e na América da Revolução Industrial, em que as profissões deram lugar às empresas, que colocavam novas exigências às organizações e aos gestores.

Neste capítulo, foram analisadas as teorias clássicas da gestão anteriores à II Guerra Mundial, como a teoria da administração científica do trabalho de Taylor, a teoria da gestão administrativa de Henri Fayol, a teoria burocrática de Max Weber e a teoria das relações humanas de Elton Mayo e apresentadas as abordagens contemporâneas da gestão, como a abordagem quantitativa, a abordagem comportamental, a abordagem sistémica e a abordagem contingencial. Por fim, foram abordadas as novas tendências da gestão, como os conceitos de aprendizagem organizacional, de gestão por objetivos, de gestão da qualidade total, de gestão da cadeia de abastecimento e de gestão do conhecimento.

O objetivo de estudar a evolução do pensamento da gestão foi despertar o interesse do leitor sobre o estudo da gestão e mostrar que se trata de uma disciplina recente que se autonomizou da economia, da psicologia, do comportamento organizacional, mas que tem vindo a assumir um papel crescente no âmbito das disciplinas comportamentais.

Questões

1. Porque é importante compreender as diferentes perspetivas e abordagens da teoria da gestão que têm acompanhado a evolução das organizações?
2. Descreva a importância das teorias clássicas da gestão.
3. Quais foram as importantes contribuições da gestão científica e quais as suas limitações?
4. Com base na experiência no trabalho, descreva de que maneira as teorias clássicas da administração científica e a teoria da burocracia estão ainda presentes nas organizações.
5. Analise os 14 princípios de gestão de Fayol. Quais considera que são ainda hoje úteis e quais são obsoletos?
6. As experiências de Hawthorne introduziram várias preocupações novas na gestão das empresas, revelando novas dimensões que as abordagens de Taylor e Fayol não tratavam.
   Quais as novas dimensões da gestão reveladas com as experiências de Hawthorne? Quais as principais conclusões que foram elaboradas a partir dos estudos de Hawthorne e qual o impacto que tiveram no ensino e na investigação da gestão?
7. Descreva o conceito de gestão da qualidade total.
8. De que maneira as abordagens das teorias dos sistemas e contingencial contribuiram para o desenvolvimento da gestão?
9. Identifique as principais componentes da teoria dos sistemas. Esta perspetiva é fundamentalmente interna ou exterior à organização? Justifique.
10. De que formas podem os gestores desenvolver um programa de melhoria da qualidade?

Referências

Donnelly, Gibson e Ivancevich (2000), Administração: Prin¬cípios de Gestão Empresarial, 10ª Edição, McGraw-Hill.

Huczynski, A & Buchanan, D. (2013), Organizational Behaviour, Eighth edition, Pearson Education Limited, Edinburgh.

Johnson, G., Whittington, R. & Scholes, K. (2011), Exploring Strategy: Text & Cases, Ninth edition, Pearson Education, Edinburg.

Jones, G. e George, J. (2011), Contemporary Management, 7th edition, McGraw-Hill/Irwin, New York.

Mações, M. A. R. (2010), Orientação para o Mercado, Aprendizagem Organizacional e Inovação: As Chaves para o Sucesso Empresarial, Coleção Teses, Universidade Lusíada Editora, Lisboa.